Rhagair

Fel yr hynaf o'r beirdd sydd yn ymddangos yn y gyfrol hon, rwy'n falch o gael dweud gair am y geiriau a geir yma. Fel Bardd Plant Cymru 2002-3, fe ges i hwyl fawr yn mynd o gwmpas ysgolion cynradd ac uwchradd, yn rhannu syniadau gyda phlant o bob oed. Diolch i chi am fod mor gyffrous wrth ymateb mor fywiog. A diolch hefyd am arllwys tamaid bach o ffresni i mewn i eiriau sydd yn hen dros ben, a thrwy hynny eu gwneud yn newydd sbon.

Fel y dywedais wrthych, mae barddoniaeth yn cael ei chreu pan fydd geiriau yn eistedd drws nesa i eiriau eraill, a hynny am y tro cyntaf. Ac weithiau, fe gawn sioc fod dau air wedi bod mor agos at ei gilydd a hwythau'n ymddangos yn hollol wahanol. Erbyn hyn hefyd, fe wyddoch fod geiriau yn medru creu bydoedd newydd a chyffrous a bod byd y dychymyg mor bwysig bob tamaid â'n bywydau bob dydd.

Fel y mae awduron y cerddi yn y gyfrol yn gwybod, mi fyddwn bob amser yn gofyn i bawb ddweud ei h/enw ar ddechrau pob gweithdy a phwysleisio mor bwysig yw enwau. 'Enw'r gair', dod o hyd i stori'n cwato y tu ôl i eiriau, dyna a wnawn wrth drio ysgrifennu barddoniaeth hefyd, a gweld pethau mewn sawl ffordd ddifyr.

Mae'n rhaid mai fi yw holwraig fwyaf y byd, dybiwn i. Mae'n flin gen i os oeddwn yn gofyn 'Pam?' trwy'r amser. Ond dyna mae bardd yn ei wneud, sef gofyn pam o hyd ac o hyd nes dod o hyd i ateb sydd yn newydd a gwahanol.

Diolch i chi, blant, ac i'ch athrawon brwd, ac i S4C, Cyngor Llyfrau Cymru ac Urdd Gobaith Cymru am wneud y cynllun hwn yn bosib. Yn fwy na dim, diolch i chi, blant Cymru, am wneud i mi deimlo weithiau fel rhywun mewn ffair yn brolio'i dawn trwy lyncu tân. O wreichion eich tanau y crëwyd y gyfrol hon.

Menna Elfyn
Llandysul
Mai 2003

Cynnwys

CERDDI BARDD PLANT CYMRU 2002-3

Menna Elfyn

Galw Enwau

Am fod enwau mwyn yn toddi'r tawelwch,
am fod enwau da yn cynhesu'r dieithrwch,
am fod enwau swil yn y sêr yn sïo,
am fod enwau hy' ar y môr yn hwylio,

Am fod cimwch a mingrwn a lleden,
am fod masarn a deri ac onnen
yn enwau llawn sy'n llanw'r byd,
yn siarad brigau neu donnau o hyd.

Am fod pannas, helogan a ffacbys,
am fod persli, cacamwnci a shifys
yn enwau hud sy'n lleisio'r aer
fel cornicyll, barcutiaid a grugieir.

Ac enwau mwy yn cuddio'u gwaedd
mewn cefnfor bras neu'n rhan o braidd,
enwau'n cosi a throsi calon,
enwau'n sisial neu'n gweiddi awelon.

Dyma'n byd. Dyma ni. Ddoe, heddi ac yfory,
enwau ar ben enwau yn rhan o'n stori,
ar ogof unwaith ac ar sgrin a lloeren
daw'r enwau newydd, ar wib fel mellten.

A phob enw'n fyw ar dafod aur
neu'n dyfod inni drwy eiriau saer,
fflam o'r fflam sy'n cynnau tywyllwch
ein meddwl chwim, gan danio prydferthwch.

Yn laswellt, grug-y-mêl, yn dwyni sidan,
yn ddistyll ton, trai a llanw arian,
am fod mil o resymau dros enwau da
ar ddalen a cherdd, boed aea' neu ha'.

Bydd enwau sy'n hen a'r newydd eu geni
yn bathu'r miliwnydd, o'u rhoddi a'u rhannu.

Cama

Yn Atacama, ymhell yn yr anial,
Fe anwyd cama, rhyw hanner camel
A hanner lama, ac yntau'n llamu
Dros dywod euraid, carreg fellt yn fflamu.
Rhyw dwymyn aflonydd, yn lluwch mor gynnes
Ar garlam, a'i drwyn mor fwyn â'i fynwes.
A'r anwes un sy'n dalp o'r cread,
Yn eni gwyrthiol sy'n llawn o gariad.

Diwrnod Plant mewn Angen

Yng nghanol y tarth,
Fe weles i arth,
Un oedd yn cyfarth
Wrth deithio drwy'r rhanbarth –
Eco mor fawr â'r canolbarth.
A meddai plentyn o'r dosbarth:
"Beth am gynnig iddo fuarth
yr ysgol… onid yw'n warth
ar ddydd rhai mewn angen ei fod yn cadw'n ddiarth?"
"Ie, fe rhown lety iddo, yng Ngwaelod-y-garth."

Y Chwarel

Awyr afiach,
afonydd anhapus.
Bwcedi budr
yn llawn baw.
Creigiau miniog.
Canu amser cinio
yn y Caban.
Chwythu'r corn –
Deinameit!
Perygl!
Dillad yn ddu,
dillad digalon.
Dynion direidus
yn adrodd hanesion
am ddamweiniau
a nosweithiau saff.
Yr awyr las
yn goleuo'r dydd.
A'r llyn yn llyfn –
llonydd.

Menna Elfyn a Blwyddyn 5 a 6
Ysgol Bro Lleu
Penygroes, Caernarfon

11

Dwy Ddwynwen

Rwy'n nabod dwy eneth sy'n bwydo'r awen,
roedd un yn drist, a'r llall yn llawen,
trodd un yn lleian yn ôl yr hanes,
ar ôl i'w chariad hi ddwyn ei mynwes.
A phan fydd Ionawr yn oer a diflas
bydd cofio 'hon' yn ein gwneud yn gynnes
– achos yr oedd hi'n dipyn o santes.

Am y Ddwynwen arall, mae'n cadw caffi,
yn gweini te ac yn gwerthu taffi,
mae'n arbenigwraig ar weithio salad –
anghofiwch eich 'Cesar', mae hwn yn brofiad.
Bydd y letys yn fawr, un sy'n fynydd iâ,
ond cyn pen dim, fe fydd fel yr ha',
yn olew o'r haul, O Lew, O Lew, O Lew,
yn ddiferion hyfryd sy'n sgleinio'n dew;
yna'r ciwbiau o gaws – wrth gwrs, rhai Cymreig,
a briwsion o gennin, a dyna i chi saig
dynna ddŵr o ddannedd, a dannedd ar dân,
gan danio'r dychymyg wrth ei fwyta'n fân!

Ei weini a wna gyda thatws poeth,
a thaenu'r holl lesni nes ei fod e yn noeth,
ac yn ôl y sôn, mae pawb yn heidio
i'r bwyty hwn, ac yn methu â pheidio –
ar ôl y gwledda, syrthiant din-dros-ben
mewn cariad â rhywun, 'rôl salad Dwyn-Wen.
A rhwng seren y caffi a'r santes hen,
mae pawb mewn cariad, ac yn gwisgo gwên.

Pen-blwydd

Pryd mae pen-blwydd yr heulwen?
Mae'n hen ond wastad yn llawen.

Pryd mae pen-blwydd yr awel?
Bydd ei hanadl yn ysgafn a thawel.

Pen-blwydd yr eira? Oes dyddiad?
Bydd ei gardiau'n disgyn i'r cread.

A'r awyr? Ai pan yw'n glasu
Yn sbri gwyliau haf y bydd yn dathlu?

Pen-blwydd y môr? Ai o dan donnau
Daeth ei eni i lonni'r glannau?

Pilipalod mewn gardd? Ai disgo
Yw eu dawnsio, golau'n fflachio?

Lili wen fach? Llestri'n gloywi
Ar waelod cae, cwpanau'n llenwi.

Pen-blwydd y byd?
Dyfalu wnawn o hyd, o hyd.

Oes rhywun yn gwybod?
Mae e yn fud ei dafod.

Spike

Cimwch 65 mlwydd oed mewn tanc mewn bwyty yn nhalaith Califfornia oedd Spike. Yn 1994, cynigiodd yr actores Mary Tyler Moore $1000 i'r bwyty amdano er mwyn dychwelyd y cimwch deuddeg pwys a hanner i'r môr yn Maine.

A phwy fyddai hapusa', tybed?
Ai'r actores ddel a'i chiwed,
A fyn ei ddychwel i'r glannau,
Hen ŵr o gimwch, gwan ei gyhyrau?

Y sawl a fu unwaith yn destun trafod,
A fydd e'n hapus ymysg y pysgod?
Neu a fydd e yn codi chwerthin
Y sawl na wêl ei fod e'n perthyn

Iddyn nhw? Neu beth am ei fawredd?
A fydd e'n swil neu'n achos eiddigedd?
Neu'n teimlo'n llipa-beth o dwmffat
Yn ochr ei gyfaill chwim, yr acrobat?

Ie, rhwng ton a thrai. Ar bwy fydd y bai
Pan na fydd ganddo gariad? A llai
O gwmni wrth iddo deimlo syrffed,
Lle gynt y bu'n gwylio gwledda ac yfed.

Yn frenin coch ar gimychiaid y byd,
Yn atgof clyd, mor hyfryd o hyd
Yw diniweidrwydd pysgodyn mewn dŵr.
Ai yno sydd orau? Dwi ddim yn siŵr.

Penderfynwch chi ble ddyle fe fod –
Ai yn y tonnau gwyllt neu'n ennyn clod?
Ai'n rhan o ddrama bwyty drud,
Neu dan len o li, yn troelli ei hud?

14

Caneri

Beth wnaem ni,
Heb gri
Caneri?

Un cynnes ei fynwes,
Amlblu ei hanes.

Un clyfar yw'r cyfaill,
O dan ddaear, roedd yn deall

Ar unwaith, pan ddôi perygl
O'r nwy, a'i ddrwg arogl.

Beth wnaem ni
Heb gri
Caneri?

Un heulwen o aderyn
Yn fanila o felyn.

Siawns na fyddai'r bonblu
Yn ein cadw'n saff rhag mygu
Mewn byd llawn rhu, llawn mwg
A allai ein cadw rhag drwg?

Beth wnaem ni
Heb gri
Caneri?

Anifail anwes delfrydol –
Un triw, trydarol,
Tu allan i'w gaets – arwrol.

Y Ffliw

Gwell gen i gael briw
Na dal y ffliw,
Neu sefyll mewn ciw
Ond na, ddim y ffliw.
Wna i ddringo pob rhiw,
Chwarae gydag unrhyw griw,
Bwyta bresych, a stiw
Sy wedi colli ei liw
Yn lle dal y ffliw.
Ac mi wnaf bopeth, siŵr Dduw,
Er mwyn deall beth yw'r cliw
I beidio â dal y ffliw.
Bydd pawb yn ofni'r chwiw,
A hyd yn oed heddiw
Fe deimlais i affliw
Yn... ond whiw!
Doedd dim siw na miw
O'r ffliw, dim llun na lliw
O'r chwiw, chw... chw...
Atsh... atsh... atsh – IW!!

Llun: Catrin Meirion

Chwedl y Pinwydd

Meddai'r deryn bach ar lawnt yr ardd,
"A wnei di, fedwen arian,
Roi cysgod i mi yn dy frigau hardd?"

"Dos i ffwrdd, y cnaf."

Meddai'r deryn bach wrth y dderwen fawr,
"A gaf i orwedd heno
Yn dy gangau nes dyfod gwawr?"

"Dos i ffwrdd, yr un gwirion."

"Helygen gain, a gaf i orffwys
Am orig a chysgu'n ddiddig
Rhwng dy ddail, a gollwng fy mhwys?"

"Dos o'm golwg, y crincyn."

Meddai'r pinwydd yn sydyn,
O weld tristwch yr aderyn,
"Dyw fy mrigau ddim mor hardd...
Dyw fy nghangau ddim mor fawr...
Dyw fy nail ddim mor glyd
Ond gelli aros faint y mynni –
hyd ddiwedd y byd.
Mi gadwa i'r corwynt
Rhag dy luchio i ffwrdd,
A chei aeron bob bore
Yn wledd wrth dy fwrdd."

"Fyddwn i ddim yn cadw cnaf,"
meddai'r fedwen,
"Na finne'n rhoi lle i un gwirion,"
meddai'r dderwen,
"Byddai'r byd yn well heb grincyn,"
meddai'r helygen.

Ond y noson honno,
Daeth gwynt y gogledd,
Anadlodd dros y tir,
Rhewodd ei fysedd hir.
Syrthiodd dail y fedwen,
Cwympodd cangau'r dderwen,
Chwalodd holl frigau'r helygen.

A daeth y gwynt at y pinwydd a dweud:
"Clywais am dy garedigrwydd,
a chei gadw dy wyrddni ar hyd y flwyddyn
fel tâl am helpu un aderyn."

A daeth gwên fytholwyrdd dros nodwyddau'r bîn,
O gael cadw ei harddwisg drwy'r gaeaf blin.

CERDDI PLANT CYMRU

Alarch

Alarch fel
actores yn symud,
fel aur
ar yr afon,
yn rhoi anrhegion
gyda'i phig –
allwedd angel yn
agor ffordd newydd.

Gwaith grŵp
Ysgol Gymraeg Teilo Sant
Llandeilo

22

Bwrdd Gwyn

Fel bwrdd syrffio
fel cefn morfil
fel bwrdd sglefrio
fel robot yn rhedeg
fel trên yn symud
fel adenydd awyren
fel wy Pasg wedi torri
fel cymylau gwyn.

Blwyddyn 3
Ysgol y Wern
Ystalyfera

Hwyl

Candi-fflos fflwffi yn y ffair ffantastig,
Wynebau gwyllt yn syllu ar reid,
Arogl popcorn a byrgers yn ffrio,
Pobl yn sgrechian a bron â chrio mewn cyffro.
Teimlo'n benysgafn wrth fynd lawr lòg-ffliwm
A syrthio'n bendramwnwgl i'r dŵr.
O, mae'n braf cael sbort yn y ffair!

Lois Roberts
Ysgol Plas Coch
Wrecsam

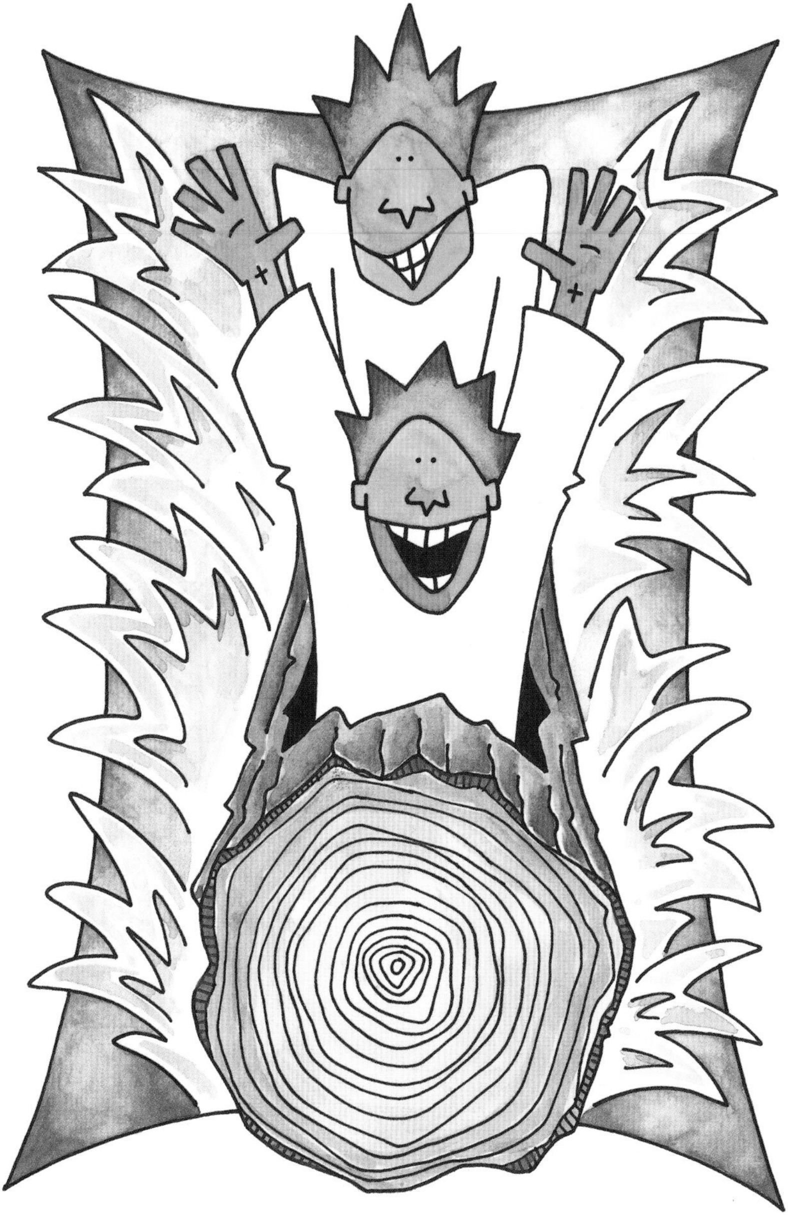

Llun: Catrin Meirion

Y Chwarel

Cynhaliodd Menna weithdy ar thema'r chwarel gyda disgyblion Ysgol Bro Lleu, Penygroes, Caernarfon. Bu'r disgyblion yn dychmygu sut fywyd oedd gan wahanol bobl a phethau o fewn cymuned y chwarel – dyma rai ohonyn nhw.

Y Chwarelwr Bach

Waw! Mae'r lle 'ma'n anferthol,
Rwy'n teimlo mor fach yn ei ganol.
Clywaf y creigiau'n ffrwydro o funud i funud.
Rwyf bron yn gallu blasu'r llechi llwydlas,
Ac mae'r sŵn yn anhygoel –
fel calon y creigiau'n ffrwydro.
Rwy'n teimlo fel pry copyn bach
yng nghanol y byd mawr yn
crogi o'i we ar y wal.
Nawr rwy'n ddyn mawr gyda'r atgofion yn dal yn fy nghof.

Ceri a Catrin
Ysgol Bro Lleu
Penygroes, Caernarfon

Ysbryd y Chwarel

Fel hyn yr oedd hi:
Clywed y creigiau'n disgyn,
Perchennog yn gweiddi,
Y gweithiwr yn cwyno.

Gweld y gwaed yn llifo i lawr y llechi,
Y darnau mân fel tonnau o farblis
Yn taro yn erbyn y creigiau
A'r perchennog yn stwffio'i wyneb â bwyd.

Teimlo wedi blino,
A'r cerrig yn crynu o dan fy nhroed,
Creigiau'n cael eu rhwygo oddi ar y mynydd
A'r gweithwyr yn teimlo poen eu cosb.

Aled Llŷr Jones a Dominic Noone
Ysgol Bro Lleu
Penygroes, Caernarfon

Y Stiward

Gweld y gweithwyr yn slacio,
Clywed y glaw yn gwlychu'r graig,
A'r hen ddril yn clecian.
Arogli mwg *Woodbine* y gof
A chinio dydd Sul y perchennog;
Blasu'r gweithdy distaw
Yn llawn llechi cam, blêr.
Fi'n malu'r llechi
Yn ddarnau miniog.
Dim ond yr olwyn sy'n gweithio heddiw
Heblaw amdana i.

Daniel a Daniel
Ysgol Bro Lleu
Penygroes, Caernarfon

Llyn Padarn

Un funud
ro'n i'n llonydd
dan y lleuad,
yn llawen,
ambell dylluan yn hwtian
a llwynog llechwraidd
yn llamu dros y gorwel.
A'r funud nesaf
mae fy llygaid yn llawn hanes
yn hawlio fy lle,
Ond fi ddoth yma gynta.

Glesni Williams a Helena Price
Ysgol Bro Lleu
Penygroes, Caernarfon

Anobaith

Pobl ddigartref
yn chwilio am obaith
gan wylio'r cymylau
yn gollwng eu dagrau
o dristwch; wynebu marwolaeth.

Bob pryd o fara lludw
a llefrith sur.
Bob dydd hyd ddiwedd
eu bywyd diobaith.

Lewis, Aled a Dyfed
Ysgol I.D. Hooson
Rhosllannerchrugog

Llun: Siôn Morris

Hapusrwydd

Fel babi newydd gael ei eni,
bob amser yn gwenu;
Fel bod adref o flaen y teledu
yn bwyta tiwna yn y gwely.
Fel arogli rhosod Nadolig yn yr ardd,
maen nhw'n edrych yn hardd;
Fel deffro yn y bore ar ddydd fy mhen-blwydd,
llawer iawn o anrhegion rhwydd.
Fel clywed sŵn tu mewn i'r galon
yn llamu'n llon.
Fel haul a glaw yn gwneud yr enfys
wrth gochi'r mefus.
Fel ceffyl yn carlamu yn y cae
Mae hapusrwydd yn parhau.

Grŵp Ysgol Gwaelod-y-garth

Owen

Oren oren yn y goeden
yn edrych fel lloeren.

Oen oren yn neidio yn y
cae.

Olwyn wedi ei gosod ar
iard fferm 'Oren-y-Mwyn'.

Octopws blasus mewn ffwrn
wedi'i orchuddio â ffoil.

Owen yn gwneud Mathemateg
gydag onglyddion.

Owen
Ysgol Gymraeg Teilo Sant
Llandeilo

Bachgen bach unig

Bachgen yn eistedd ar wal.
Meddwl am ei gi – heb ffrind
a phawb yn chwerthin am ei ben.
Coes yn brifo.
Eisiau Mam a Dad.

Cysglyd, breuddwydiol ac unig.

Thomas Coombe a Katie Skuse
Ysgol Gymraeg Cwm Gwyddon
Abercarn

Llun: Sarah Berry

Cariad

Ei henw hi yw Cariad,
Fy nhedi annwyl i.
Ac yn ei siwt
Mae hi'n edrych mor giwt,
Fel hen wraig yn eistedd yn dawel.

Mae'n sboncian o gwmpas am mai cwningen yw hi,
Y tedi gorau'n y byd,
Ei phawen ffwr mor addfwyn ar fy wyneb,
Er mai dim ond tedi yw hi.

Emiley Bendle
Ysgol Gwaelod-y-garth

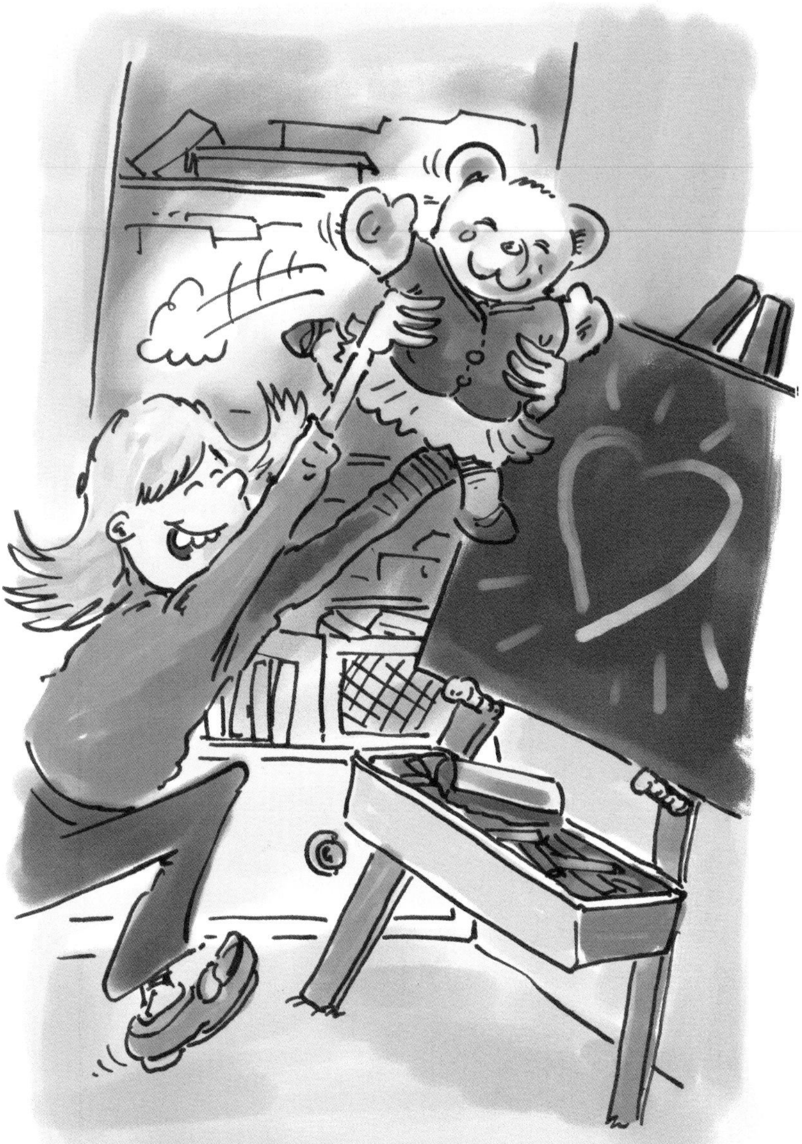

Llun: Siôn Morris

Dafad

Storïwr yn eistedd yn ei gae,
Clustog crwn cyfforddus,
Cwmwl yn ymlacio yn yr awyr,
Siwmper flewog, gynnes,
Beudy clyd,
Yn llawn o ŷd.

Cadi Matthews a Tanwen Rolph
Ysgol Gyfun Gymraeg Plasmawr
Caerdydd

Llun: Catrin Meirion

Twmffat y Tedi

Arth bach esmwyth efo sgarff goch,
mae'n barod am y tywydd caled;
mae e'n arth ifanc,
yn hoffi strancio,
mae e'n byw mewn bwthyn
ar ben y bryn.
Mae'n dod o Indonesia,
ac mae'n ofni'r nos.

Mali Noon-Jones
Ysgol Gwaelod-y-garth

Tafod yn y Twyni *

Moresg mawr ydw i,
Rwy'n dod o'r twyni tywod.
Rwy mor hen â'r môr,
Rwy'n byw yn Ynyslas,
Yn celu o'r gelyn.
Rwy'n perthyn i'r glaswellt,
Gwellt a rhedyn.
Rwy'n gweld pobl
Yn cerdded gyda'r plant a'r cŵn.

Rwy'n ofni pobl yn gwasgu
Y moresg,
A'r crancod yn crafu
Gyda'u crafangau.

Rwy'n hoffi gweld
Y machlud
Yn fflamio yn yr awyr.

Shanice Haq
Ysgol Craig yr Wylfa
Borth
Aberystwyth

Lluniwyd fel rhan o Brosiect Creu-ad ar gyfer Gwarchodfa Natur Ynyslas, haf 2002. Mae'r gerdd i'w gweld mewn llyfr mawr yn y Warchodfa yno.

Môr Ladron

Sinci, Sam a Barti Ddu
Yn dechrau dathlu.
Yfed cwrw yn wyllt fel tarw,
Chwarae cardiau,
Taflu dartiau.
Cyfri sawl trysor
A'u hagor.
Bwyta eog
Heb deimlo'n euog.
Parotiaid amryliw
Fel enfys Duw,
Yn wên o glust i glust
Fel tri locust.

Nofio draw i ynys fach –
Ond yno syrthiodd y tri,
Wir i chi,
I ogof gwrach.

Blwyddyn 5 a 6
Ysgol Gymraeg Cwm Gwyddon
Abercarn

45

Hydref

Rydym yn gwisgo sgarff, *fleece* a het yn yr Hydref.
Neidr yn mynd i gysgu a'r wiwer a'r aderyn yn hedfan yn yr awyr.
Mae'r clociau'n mynd 'nôl yn yr Hydref;
Mae'r llwynog yn cysgu yn yr Hydref;
Mae'r tywydd yn newid ac rydyn ni'n teimlo'n hapus.
Mae'r dail yn disgyn fel plu eira,
Golau yn fflachio yn gynnar yn yr Hydref
Fel pwll dŵr ar y stryd,
Mae'r bachgen yn dwym fel ager.

Bradley, Danny a Thomas
Ysgol y Wern
Ystalyfera

Llun: Catrin Meirion

47

Branwen

*Yn ôl chwedlau'r **Mabinogi,** daeth Matholwch, brenin Iwerddon, i Gymru i ofyn am gael priodi Branwen ferch Llŷr, chwaer y cawr Bendigeidfran. Mae'r ddwy gerdd nesa, gan grŵp Ysgol y Wern, Llanisien, Caerdydd, yn adrodd stori diwrnod priodas y ddau hapus yn yr heulwen, a dim sôn am y cysgodion oedd ar fin syrthio dros eu bywydau...*

Branwen

Diwrnod braf,
Haul yn tywynnu,
Cymylau gwlân cotwm:
Diwrnod perffaith i briodi.

Ceffylau gwyn,
Clychau'n canu,
Sŵn yr adar mân.

Ffrog sidan wen,
Trowsus du,
Tusw o flodau hardd.

Parseli lliwgar,
Cist o aur,
Drych mawr yn adlewyrchu
Fy annwyl wraig.

*Maisy a Laura
Ysgol y Wern
Caerdydd*

Priodas Branwen

Bore hyfryd o Wanwyn,
Yr haul a'i belydrau hardd,
Hapusrwydd yng nghalon y ddau.

Branwen a'i gwisg sidan hardd,
Matholwch mewn melfed coch,
Morynion mewn cotwm tyner, hufen.

Dawnsio, canu a gwledda,
Enfys amryliw o gonffeti,
Chwerthin, siarad a bwyta.

Calon un yn curo'n llawen
A'r llall yn ofnus braidd;
Dwy wlad yn un.

Carys Jones a Rebecca Thomas
Ysgol y Wern
Caerdydd

Castell Dinefwr

Sefyll ar y tŵr –
Gweld defaid, pobl, afon,
Clywed bwrlwm y llif,
A'r gwynt yn udo fel ysbryd yr Arglwydd Rhys.
Arogli aeron gwenwynig,
A'r grug fel pinnau bawd;
Blasu oerni'r aer,
Fe'r barcud coch
Yn hofran ei hugan
Yn igam-ogam
Uwchben gwiwer lwyd.

Tŷ haf ar y brig
Yno nawr,
Ond y Castell yn sefyll o hyd.

Y Mynydd Du
Fel coron ddisglair
Dros hud y dyffryn.

Blwyddyn 3 a 4
Ysgol Gymraeg Teilo Sant
Llandeilo

51

Dydd Gŵyl Dewi

Dydd Gŵyl Dewi,
A phawb yn berwi
Mewn gwisg Gymreig.
Y ddraig goch yn fflamio,
Pawb yn gwenu
Ar ddyn y lluniau,
Waliau gwyn fel plu yr eira.
Tu fas, coed noeth heb ddail
Ar Fawrth y cyntaf.

Hetiau du ar bennau'r merched,
Capiau fflat gan y bechgyn.
Cennin Pedr fel yr haul
Ar siwmper pawb.
Sgertiau coch i'r pengliniau
Fel bola Siôn Corn,
Crys coch Cymru'n llosgi am y bechgyn
Ar Fawrth y cyntaf.

Amy Stevens a Phillip Aubrey
Ysgol Gymraeg Cwm Gwyddon
Abercarn

53

Pilipala

Acrobat mewn ffair,
Yn gwisgo dillad lliwgar
Ac yn chwyrlïo o drapîs i drapîs i fyny yn yr awyr.

Fel dillad plentyn bach
Sy'n denu eich sylw
Ac sy'n llawn hwyl.

Fel pluen fach ysgafn,
Un batrymog a lliwgar,
Sy'n dawnsio yn y gwynt.

Fel crys-T ganol haf,
Yn lliwgar a llawn hwyl.

Lleucu a Rhiannon
Ysgol Gyfun Gymraeg Plasmawr
Caerdydd

Y Robin Goch

Hedfanodd draw dros goed afalau gwyrdd a choch,
Saethodd dros gae y moch.
Glaniodd ar laswellt pigog disglair.

Pen-blwydd hapus i faban Mair.
Teithio'n ôl i Affrica dlawd
Lle mae pawb yn frawd.

Kyle Boulton, Ashleigh Jones a Gethyn Buckley
Ysgol Gymraeg Cwm Gwyddon
Abercarn

Y Cadno

Fel asiant cudd
mewn teyrnas wyllt.

Fel saeth goch
yn hedfan heibio.

Mor goch â'r ddeilen
yn yr Hydref.

Ei flew mor smart â
tuxedo coch James Bond.

Ei ddyhead bob dydd a nos yw
i gadw'n fyw, beth bynnag yw'r gost.

Lloyd M. Bowen a Steffan Wheadon
Ysgol Gyfun Gymraeg Plasmawr
Caerdydd

Llun: Siôn Morris

Y Wiwer

Dwi'n fach, dwi'n dew,
dwi'n dringo lan coed
a dwi'n caru cnau.
Dwi ofn y cŵn sy'n dod i mewn i'r parc
am eu bod nhw'n rhedeg ar fy ôl i.
Dwi'n cwympo i gysgu am hanner dydd
Ond rwy'n cael fy neffro gan
gnocell y coed.
Rydym yn ymladd yn ôl gyda
chnau a brigau,
ond dal ddim yn symud nes bod Dad yn ei ôl.

Michael a Joshua
Ysgol Gyfun Gymraeg Plasmawr
Caerdydd

Llun: Catrin Meirion

Y Goedwig Law

Gwallt llew yn y goedwig dramor,
Neidr yn troi a throsi yn y fforest,
Tân gwyllt yn ffrwydro yn yr awyr,
Pinafal yn arllwys ei sudd,
Antur ym myd natur yw'r lle hwn.

Rob Colley
Ysgol Uwchradd Greenhill
Dinbych-y-pysgod

61

S

Sglodion a selsig dydd Sadwrn,
Sinema gyda Siân, Sam, Siencyn, Siôn, Siarlot a Sheryl.
Siôn Corn yn dod â soffa dydd Sul,
Siarc slei yn bwyta samwn yn swnllyd.
Sipsiwn siomedig ar soffa'r saer,
Sŵp seimllyd mewn siop sach.

Siân Morgan a Chantelle Oxenham
Ysgol Gymraeg Teilo Sant
Llandeilo

Siarc

Brenin y môr
Mor hen â'r deinosoriaid,
Byw yn y palas glas.
Nofio hefo'r tonnau
Cyn i'r morfil fy erlid.

Wyn Jones
Ysgol Gynradd Llangadog

Parti'r Mileniwm

Hwyl bywiog yn goleuo'r stryd,
Neidr lithrig yn rhuthro drwy'r heol.
Gwisgoedd sgleiniog swanc,
Balŵnau pob lliw a llun.
Popeth yn lliwgar drwy'r dydd.
Pawb yn aros tan yr eiliad olaf –
Deg, naw, wyth, saith, chwech, pump, pedwar, tri, dau…UN!

Dathlu Mileniwm newydd.

Robert Cook, Callie Sawday a Jay Peacock Evans
Ysgol Gymraeg Cwm Gwyddon
Abercarn

Llun: Sarah Berry

Ofn

Gweld ffilm arswydus,
A bod ar eich pen eich hun yn y tŷ;
Tynnu malwoden allan o'i chragen,
a'i bwyta.
Arogli sgwnc drewllyd,
Clywed clecian ar y grisiau,
A theimlo octopws yn y môr yn eich gwasgu.

Ceri, Katie a Laura
Ysgol Bodhyfryd
Wrecsam

Yr Eog

"Frenin pwysig y pysgod,
Beth yw dy oed?"
"Mor hir ag y gallaf fyw,
Byw o dan garreg lefn
Mewn afon fawr."

Aled Jones a Stuart Rees
Ysgol Gynradd Llangadog

69

Glan y Môr *

O'r llecyn cartref hwn, gwelaf y pier, y bobl ar y traeth
a'r pentref prysur.
Gwenai'r haul fel hen ddyn mwyn yng nghynhesrwydd
canol dydd.
Clywaf lefain gwylanod, sibrwd y gwynt yn y glaswellt hir
a'r tonnau'n taro'r creigiau.
Mae arogl hallt yn yr aer.
Fo yn gorwedd ar ei gefn yn torheulo, yn amsugno'r pelydriad
cynnes.
Ond nawr, daw cwmwl i gofleidio'r hen ŵr yn ei fynwes gotwm.
Try gwyrddni'r gwair a glesni'r môr yn llwydni dwl.

Ffreuer Gwenllian
Ysgol Tryfan
Bangor

* Gyda diolch i gynllun Dawns i Bawb

Syrffio yn yr Eira

Yn yr eira oer,
Gweld y mynyddoedd uchel
Yn gwisgo blanced gwyn trwchus;
Clywed y bobl yn sgrechian
Wrth ddod lawr ochr y mynydd.
Arogl mintys poethion, eira'n
Teimlo'n feddal ac yn esmwyth
Wrth i mi syrthio i mewn oddi ar fy mwrdd eira!

Ceri Lee Gittins
Ysgol Bryn Tabor
Wrecsam

Breuddwydio

Breuddwydio am fod yn dractor coch,
Mor fawr, mor gryf rwy'n sefyll.

Breuddwydio am fod yn golomen wen,
Yn hedfan fry uwchben.

Breuddwydio am fod yn seren bop,
Yn canu i'r dyrfa fawr.

Breuddwydio am fod yn ffidil cras
Yn cyfeilio i'r fenyw sy'n chwarae bas.

Hannah Stracy a Sara Thomas
Ysgol Gyfun Gymraeg Plasmawr
Caerdydd

73

Porffor

Mwyar duon ym mis Medi,
Yr enfys ar y bryn,
Y paith yn y bore bach,
Plu gwennol dan y bondo,
clogyn y frenhines,
grug ar y mynydd,
a chleisiau ar y croen.

Rhys Jones, Rhys Cook a Meurig Golding
Ysgol Gyfun Gymraeg Plasmawr
Caerdydd

74

Taith

Ar y daith, clywais y bechgyn yn siarad â fi,
Ar y daith rydw i'n gallu gweld ceir yn mynd yn glou ac yn araf,
A phobl yn loncian ar y pafin yn cadw'n heini.
Ar y daith rydw i'n gallu gweld llawer o liwiau pert.
A phan rydw i'n cyrraedd rydw i'n cael wy, dwy selsigen a ffa coch.

Jamie Rano
Ysgol y Wern
Ystalyfera

Dinbych-y-pysgod

Gwynt yn taflu tywod a'i wasgaru ar y traeth,
Bwyta hufen iâ blasus
Gyda'r llanw'n disgleirio yn yr heulwen.
Cerdded ar y tywydd poeth
A gweld y machlud,
Teimlo'r cregyn dan draed.
Mae'n hudol!

Matthew, Stevie a Rob
Ysgol Uwchradd Greenhill
Dinbych-y-pysgod

Llun: Siôn Morris

Storm

Fy enw yw Storm, sŵn swnllyd.
Rydw i'n dod o'r cymylau.
Fy nheulu yw'r corwynt a'r glaw.
Fy ffrindiau yw'r eira a'r gwynt.
Rydw i'n hoffi rhoi sioc drydanol i bobl.
Rydw i'n ofni'r haul pan mae'n boeth
Oherwydd dydy fy ngolau ddim yn gweithio.

Gethin, Joseff ac Owen
Ysgol y Wern
Caerdydd

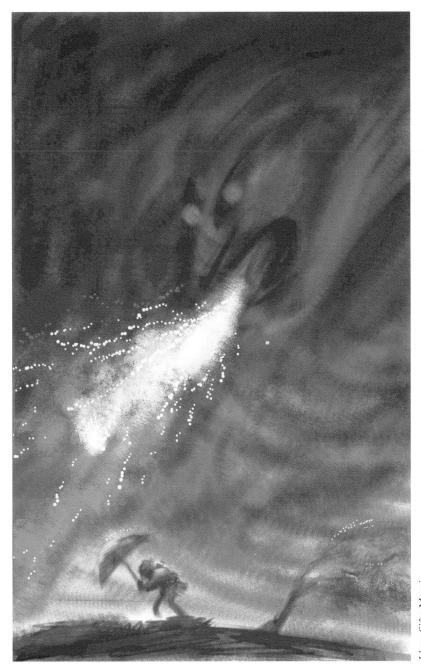

Llun: Siôn Morris

79

Salem

Mae slèd yn Salem
a sièd yn Salem
a sbectol ar hen berson yn Salem,
a gêm bêl-droed a sgôr dda yn Salem,
a lot o Saesneg yn Salem.
Mae saith deg o blant yn ysgol Salem
a sêr yn disgyn yn Salem
a sŵn seremoni briodas yn Salem.
Tybed a fydd Siôn Corn yn dod i
SALEM?!

Siôn Davies
Ysgol Gymraeg Teilo Sant
Llandeilo

Llun: Sarah Berry

Barcud Coch

Symud yn araf fel y gwynt,
fel robin goch yn hedfan trwy awyr las.
Coch fel gwaed yn symud lawr dy fraich,
dau driongl yn gwneud diemwnt
fel peilot yn neidio o awyren yn araf –
gyda pharasiwt.

Fel telyn yn gwneud sŵn swynol fel y gwynt,
fel y ddraig goch yn hedfan trwy'r awyr.

James Pearson a Stuart Grant
Ysgol Gyfun Gymraeg Plasmawr
Caerdydd

Ar y Daith

Ar y daith rwy'n clywed ceir yn symud.
Ar y daith rwy'n gweld plant yn chwarae pêl-droed neu rygbi.
Ar y daith rwy'n sylwi ar y ci yn cerdded o gwmpas heb
    berchennog.
Ar y daith rwy'n siarad â Mam cyn mynd i'r gegin fach.
Ar y daith rwy'n teimlo'n hapus achos rwy'n mynd i Ibiza,
sy'n siwrne bell iawn.

Shaun Meredith
Ysgol y Wern
Ystalyfera

Pwy sy 'na?

Mae gen i brosiect yn yr ysgol,
rhaid i mi syrffio ar y We.
Dwi'n ddiolchgar iawn am hyn
gan fod fy 'sgrifen i mor flêr!

Rwy'n dod o hyd i'r *chat-room*,
a ffeindio dyn sy'n glyfar iawn;
dwi'n dechrau gofyn cwestiynau
ac mae o'n deud y ca' i farciau llawn.

O! diar – roedd o'n anghywir iawn,
dwedodd Dad wrth y bwrdd te;
a dyna wers fawr i chi –
peidio trystio neb ar y We...

*Siôn Edwards
Ysgol Cynddelw
Wrecsam*

Llun: Siôn Morris

Y Celtiaid

Lladd gyda phicell,
Dim byd er gwell.
Ond yn y dyfodol,
Heb ddim ar ôl
ond *mosaics* hen,
mae gan y bobl wên.
Peidiwch anghofio am y Celtiaid dewr
A frwydrodd am flynyddoedd
Trwy'r gwyntoedd, trwy'r glaw,
Hyd yn oed y baw.
Diffoddwyd hyn pan ddaeth y Rhufeiniaid,
A dyna ddiwedd y rhyfel i'r Celtiaid.

Daniel Noakes
Ysgol Gymraeg Cwm Gwyddon
Abercarn

Haul fel Olwyn

Mae'r haul yn codi fel olwyn sy'n troelli,
Mae'r plant yn rhedeg wrth iddynt ddilyn yr haul,
Mae'r blodau'n deffro gyda fflachiadau'r haul,
Mae'r ceiliog yn amharu ar gwsg yr anifail.

Yna daw'r machlud, a rhaid croesawu'r nos a ffarwelio â'r dydd.

Ceri Griffith, Leonie Davies, Oriana Roberts, Eira Jepson, Amiee Lock
Grŵp Betty Boop
Ysgol Tryfan
Bangor

Cyffro

Bachgen yn agor ei anrhegion fore Nadolig;
blas plataid mawr o basta.
Arogl buddugoliaeth ar y loteri; teimlo miliynau o bunnoedd yn
mynd trwy'ch dwylo mewn pecyn o greision 'Walkers'.
Gwneud unrhyw beth am y tro cyntaf;
clywed eich enw yn y raffl yn y safle gyntaf;
Gwres yr haul ar y cerrig
fel cameleon yn cuddio yn y goeden;
yr awyr las yn yr haf.

Steffan Lloyd a Calum Macaskill
Ysgol Gwaelod-y-garth

Pam bywyd?

I edrych ar ôl yr amgylchedd,
Er mwyn i ni gael byw.
Er mwyn i ni gael sbri,
Er mwyn cael symud ar y ddaear:

I Dduw gael chwerthin.

Elliott Smith
Ysgol Gynradd Llangadog

Parot

Paentiwr
gyda'i 'baled' –
treio'n reit galed.

Peiriant-ateb ffôn:
'Gadewch neges
ar ôl y tôn'.

Un sy'n caru
gwisgo ei 'sari'
ar ŵyl 'Diwali'.

Cerdd grŵp Blwyddyn 7
Ysgol Gyfun Gymraeg Plasmawr
Caerdydd

91

Glas-y-Dorlan

Pig fel saeth
Yn symud trwy'r dŵr,
Yn ceisio dal pysgod.

Siâp fel ffon golff,
Yn bwrw pob dim
Mewn tymer.

Glas fel y môr
Yn llifo dros ei gefn,
I'w gadw'n oer mewn haul poeth.

Melyn fel banana,
Fel plentyn yn cydio yn 'i fam
I'w gadw'n ddiogel.

Pensil plwm
Yn saethu i'r awyr
Fel roced yn teithio i'r lleuad.

Carys
Blwyddyn 8
Ysgol Uwchradd Greenhill
Dinbych-y-pysgod

93

Nadolig

Babanod yn cysgu,
Corachod yn canu,
Cyffro carolau,
eira'n disgyn.
Fflachio, lliwiau'r Nadolig.
Gweithio'r goeden,
goleuadau wrth y drws.
Mewn cae fferm,
pobl fel plu.
Yr Iesu ym Methlehem.

Grŵp Ysgol y Wern
Ystalyfera

Llun: Sarah Berry